Tabla de Contenido

Atrévete a Soñar Otra Vez 1

CAPÍTULO 1 - Dios es el Autor de los Sueños 11

CAPÍTULO 2 - Cuando los Sueños se Retrasan o se Rompen 17

CAPÍTULO 3 - La Realidad del Fracaso y el Pecado 23

CAPÍTULO 4 - El Arrepentimiento Bíblico: La Puerta a la Restauración 29

CAPÍTULO 5 - David: Restaurado Después del Colapso Moral. 35

CAPÍTULO 6 - Pedro: Fracaso, Perdón y Re-Comisión 41

CAPÍTULO 7 - Venciendo la Culpa, la Vergüenza y la Condenación 47

CAPÍTULO 8 - Sanidad del Alma Después del Fracaso 53

CAPÍTULO 9 - Restaurando la Identidad y el Llamado 59

CAPÍTULO 10 - Atrévete a Soñar Otra Vez 65

CAPÍTULO 11 - Caminando con Sabiduría y Rendición de Cuentas 71

CAPÍTULO 12 - Ayudando a Otros a Ser Restaurados 77

EPÍLOGO ACADÉMICO 83

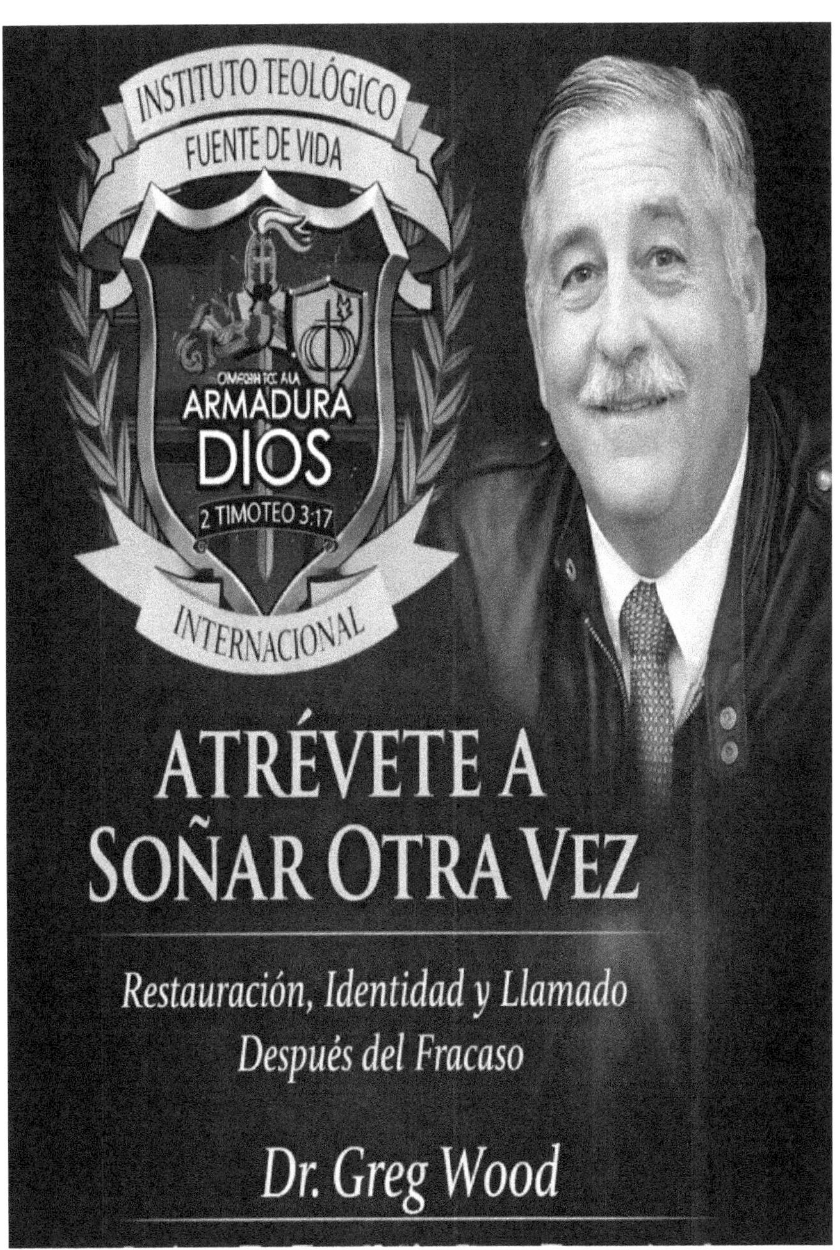

Atrévete a Soñar Otra Vez

Restauración, Renovación y Rehabilitación del Llamado Después del Fracaso

Dr. Greg Wood

Fountain of Life Theological Institute International

ÍNDICE

CAPÍTULO 1 - Dios es el Autor de los Sueños

CAPÍTULO 2 - Cuando los Sueños se Retrasan o se Rompen

CAPÍTULO 3 - La Realidad del Fracaso y el Pecado

CAPÍTULO 4 - El Arrepentimiento Bíblico: La Puerta a la Restauración

CAPÍTULO 5 - David: Restaurado Después del Colapso Moral

CAPÍTULO 6 - Pedro: Fracaso, Perdón y Re-Comisión

CAPÍTULO 7 - Venciendo la Culpa, la Vergüenza y la Condenación

CAPÍTULO 8 - Sanidad del Alma Después del Fracaso

CAPÍTULO 9 - Restaurando la Identidad y el Llamado

CAPÍTULO 10 - Atrévete a Soñar Otra Vez

CAPÍTULO 11 - Caminando con Sabiduría y Rendición de Cuentas

CAPÍTULO 12 - Ayudando a Otros a Ser Restaurados

EPÍLOGO ACADÉMICO

Publicado por:

Fountain of Life Theological Institute International

DEDICATORIA

Dedico este libro a todos aquellos que alguna vez
han caído, han fallado, o han sentido que su llamado
se perdió para siempre.

A los que han sido heridos, señalados o silenciados
por su pasado...

Que estas páginas les recuerden que **Dios no ha terminado con ustedes**.

AGRADECIMIENTOS

Agradezco primeramente a Dios,
cuya gracia es mayor que cualquier fracaso
y cuyo amor restaura lo que parecía irrecuperable.

Agradezco también a mi familia, a los líderes, pastores,
estudiantes y personas restauradas que, a lo largo de los años,
han compartido su caminar conmigo y han confirmado que
la restauración no es teoría, sino una realidad viva.

PRÓLOGO

Vivimos en una generación marcada tanto por el llamado de Dios como por la realidad del fracaso humano. Muchos creyentes comienzan

su caminar con fe, visión y pasión, pero en el trayecto encuentran errores, caídas, pecado, desilusiones o temporadas de profundo quebranto.

Para muchos, el fracaso se convierte en el punto final de su historia.

Pero para Dios, el fracaso **nunca es el final**.

Este libro nace del convencimiento bíblico y pastoral de que

la restauración es parte del plan redentor de Dios,

no una excepción ni un "plan de emergencia".

Aquí descubrirás que:

- El fracaso no cancela el llamado
- El arrepentimiento abre la puerta a la restauración
- La sanidad del alma es posible
- La identidad puede ser restaurada
- Los sueños pueden renacer
- Y los restaurados están llamados a restaurar a otros

INTRODUCCIÓN

La frase *"Atrévete a soñar otra vez"* no es un eslogan emocional.
Es una **invitación espiritual profunda**.
Este libro fue escrito para:

- Creyentes que han fallado y se sienten descalificados
- Líderes que han sido heridos o restaurados
- Pastores y consejeros que caminan con personas quebrantadas
- Estudiantes que desean entender el corazón redentor de Dios

A lo largo de estas páginas exploraremos el proceso bíblico de:

- Arrepentimiento genuino
- Restauración del corazón
- Sanidad del alma
- Reafirmación de identidad
- Rehabilitación del llamado
- Y una nueva comisión para ayudar a otros

Este no es un libro que minimiza el pecado.
Tampoco es un libro que glorifica el fracaso.
Es un libro que **exalta la gracia de Dios**
y proclama que Él sigue siendo el Dios que restaura,
sana y vuelve a levantar.

PROPÓSITO DEL LIBRO

El propósito de esta obra es triple:

1. **Restaurar esperanza** en aquellos que han perdido su visión
2. **Proveer fundamentos bíblicos** para la restauración integral
3. **Equipar restauradores**, líderes y ministros con herramientas prácticas

Este libro puede utilizarse como:

- Texto devocional
- Manual pastoral
- Libro de estudio personal
- Texto académico para institutos bíblicos
- Material de capacitación para ministerios de restauración

CÓMO UTILIZAR ESTE LIBRO

Se recomienda que el lector:

- Lea cada capítulo con oración y reflexión
- Utilice las preguntas al final de cada sección
- Permita tiempo para procesar sanidad y restauración
- No apresure el proceso
- Busque acompañamiento espiritual cuando sea necesario

La restauración es un **caminar**, no un evento.

DECLARACIÓN PASTORAL Y ÉTICA

Este libro afirma que:

- La restauración es bíblica
- La gracia no anula la responsabilidad
- La sanidad precede al liderazgo
- La rendición de cuentas protege el llamado
- El tiempo y la sabiduría son esenciales

Toda restauración debe realizarse con:

- Humildad
- Verdad
- Amor
- Discernimiento
- Responsabilidad espiritual

ORACIÓN INICIAL

Señor,
abrimos este libro con un corazón dispuesto.
Reconocemos nuestra necesidad de Tu gracia,
Tu sanidad y Tu dirección.
Restaura lo que se ha quebrado,
sana lo que ha sido herido
y despierta nuevamente los sueños
que Tú mismo sembraste en nosotros.
Amén.

CAPÍTULO 1 - Dios es el Autor de los Sueños

"Porque Dios es el que en vosotros produce así el querer como el hacer, por Su buena voluntad." Filipenses 2:13 (RVR1960)

1.1 Introducción: El Dios que Diseña Antes de Actuar

Antes de que Dios hable, **Él concibe.**

Antes de que Dios cree, **Él visualiza.**

Antes de que Dios llame, **Él ya ha diseñado el propósito completo.**

La Escritura revela que Dios no actúa por impulso ni improvisación. Todo lo que Dios hace nace primero en Su voluntad eterna. Por esta razón, los sueños que Dios deposita en el corazón humano no son ocurrencias emocionales, sino **fragmentos del diseño eterno de Dios compartidos con la persona.**

Soñar con Dios es participar en Su diseño eterno.

Por ello, comprender a Dios como el Autor de los sueños redefine completamente nuestra manera de ver el fracaso. Si el sueño nació en Dios, **entonces no depende de nuestra perfección para sobrevivir.**

1.2 El Sueño como Lenguaje de Dios

Dios se comunica de múltiples maneras, pero una de las más profundas es a través de la **visión interior**: sueños, convicciones, llamados, impresiones espirituales persistentes.

En la Biblia, los sueños no son simples imágenes nocturnas; son **vehículos de revelación.**

- Dios reveló propósito a Abraham antes de darle descendencia
- Dios habló a Jacob en Betel cuando estaba huyendo
- Dios mostró a José su futuro antes de su proceso
- Dios habló a Daniel en medio del exilio

Esto nos enseña algo esencial:

Dios revela destino antes de revelar el proceso.

Si Dios esperara a que estuviéramos listos, nunca nos mostraría el sueño. El sueño no es una recompensa por madurez; es una **herramienta para producirla.**

1.3 El Sueño Como Acto de Gracia, No de Mérito

Uno de los errores teológicos más dañinos es pensar que Dios da sueños según el mérito humano. Esta idea genera orgullo en unos y condenación en otros.

La verdad bíblica es esta:

Dios da sueños por gracia, no por mérito.

El llamado de Dios no se basa en:

- Historial perfecto
- Fortaleza moral
- Ausencia de errores

Se basa en:

- Su soberanía
- Su propósito
- Su gracia

Romanos 9:16 – "No depende del que quiere, ni del que corre, sino de Dios que tiene misericordia."

Esto explica por qué personas profundamente llamadas pueden fallar profundamente, y aun así ser restauradas.

1.4 El Sueño Revela Identidad Antes de Función

Cuando Dios da un sueño, no solo revela lo que harás; revela **quién estás llamado a ser.**

José no soñó con tareas; soñó con **identidad.**

David no fue ungido para una función inmediata, sino para un **destino.**

Pedro fue llamado "pescador de hombres" antes de estar formado.

Dios siempre habla primero a la identidad, luego a la asignación.

Por eso el fracaso afecta tanto: porque no solo sentimos que fallamos en hacer, sino que creemos haber fallado en ser. Pero Dios **no redefine identidad por fracaso**, sino por relación.

1.5 El Sueño Como Ancla en Tiempos de Caída

Los sueños de Dios no nos evitan la caída, pero nos impiden quedarnos en el suelo.

Cuando todo alrededor de José gritaba lo contrario a su sueño, **el sueño permanecía como una voz silenciosa** que decía: *"Esto no es el final."*

El sueño no explica el dolor, pero impide que el dolor tenga la última palabra.

Muchos creyentes no abandonan a Dios después del fracaso; abandonan **la esperanza**. El sueño de Dios es lo que mantiene viva la esperanza aun cuando la fe está débil.

1.6 El Silencio de Dios y la Prueba del Sueño

Uno de los momentos más difíciles en el caminar del sueño es el silencio de Dios.

Dios habla.

Luego guarda silencio.

Luego cumple.

Este patrón no es castigo; es **formación**.

Durante el silencio:

- Se purifica la motivación
- Se fortalece la dependencia
- Se rompe el orgullo
- Se madura la fe

Dios guarda silencio no porque abandonó el sueño, sino porque está trabajando en el soñador.

1.7 El Sueño No Es Cancelado por el Pecado, Sino Redirigido por el Arrepentimiento

Aquí entramos en uno de los ejes centrales de este libro.

El pecado tiene consecuencias reales.

El pecado rompe comunión.

El pecado requiere arrepentimiento.

Pero la Escritura es clara:

El arrepentimiento no restaura solo la relación; restaura el camino.

David perdió honra, pero no perdió el corazón de Dios.

Pedro negó, pero no perdió su comisión.

El sueño no murió; **fue atravesado por la gracia.**

1.8 El Sueño Redimido Es Más Profundo que el Sueño Original

Una verdad poderosa es esta:

Los sueños restaurados son más humildes, más sabios y más compasivos que los sueños originales.

Antes del fracaso:

- Hay más confianza en uno mismo

  Después de la restauración:

- Hay más dependencia de Dios

Antes:

- Se busca impacto

  Después:

- Se busca fidelidad

Dios no solo devuelve el sueño; **lo purifica.**

1.9 Dios Protege Sus Sueños Mejor de lo que Nosotros Podríamos

Muchas personas viven con miedo de "arruinar" el plan de Dios.

La Biblia responde con claridad:

Isaías 46:10 – "Mi consejo permanecerá, y haré todo lo que quiero."

Si el sueño depende de ti, fracasa.

Si depende de Dios, sobrevive.

Nuestro rol no es proteger el sueño con perfección, sino **caminar en humildad y arrepentimiento cuando caemos**.

1.10 Aplicación Pastoral Profunda

Ejercicio Espiritual

- Escribe los sueños que una vez creíste que Dios te dio
- Marca cuáles abandonaste por culpa, vergüenza o miedo
- Pregunta al Espíritu Santo:
  "¿Este sueño nació en Ti?"

Si nació en Dios, **aún vive**.

1.11 Declaración de Fe

Declara en voz alta:

"Dios es el Autor de mi sueño.

Mi pasado no cancela mi llamado.

La gracia de Dios sostiene mi destino.

Aun después de caer, Dios me llama a soñar otra vez."

Conclusión del Capítulo 1

- Dios diseña antes de llamar
- Los sueños nacen de la gracia
- El fracaso no cancela el destino
- El silencio forma al soñador
- El arrepentimiento redime el camino
- El sueño restaurado es más profundo

CAPÍTULO 2 - Cuando los Sueños se Retrasan o se Rompen

"Aunque la visión tardará aún por un tiempo, más se apresura hacia el fin, y no mentirá;

aunque tardare, espéralo, porque sin duda vendrá, no tardará."
Habacuc 2:3 (RVR1960)

2.1 Introducción: Vivir Entre la Promesa y la Realidad

Uno de los espacios más difíciles en la vida cristiana es el espacio **entre lo que Dios prometió y lo que estamos viviendo**. Es allí donde nacen las preguntas más dolorosas, las dudas más silenciosas y las luchas más profundas del alma.

El retraso no duele solo porque el sueño no se cumple, sino porque **la espera confronta nuestra confianza en Dios**. En ese espacio, el creyente se pregunta:

- ¿Escuché bien a Dios?
- ¿Fallé en algo?
- ¿Se terminó el tiempo?
- ¿Me descalifiqué?

Este capítulo establece una verdad fundamental:

El retraso no es evidencia de rechazo; muchas veces es evidencia de formación.

2.2 El Tiempo de Dios vs. el Tiempo Humano

Uno de los mayores conflictos espirituales surge cuando intentamos medir el propósito eterno de Dios con relojes humanos.

Dios no opera con prisa; Él opera con **precisión**.

- *Eclesiastés 3:1* – "Todo tiene su tiempo."
- *Isaías 60:22* – "A su tiempo yo Jehová aceleraré."

Desde la perspectiva humana, el retraso parece abandono.

Desde la perspectiva divina, el retraso es **alineación**.

Dios nunca llega tarde; Él llega cuando todo está listo.

2.3 El Propósito Oculto del Retraso

Dios utiliza el retraso para hacer obras profundas que no podrían realizarse en la rapidez.

Durante el retraso, Dios:

- Forma carácter antes que plataforma
- Sana motivaciones antes que resultados
- Desarrolla dependencia antes que visibilidad
- Asegura humildad antes que influencia

El retraso revela si amamos el **propósito de Dios** o solo el **resultado del sueño**.

2.4 El Impacto Emocional del Retraso

La Biblia reconoce el peso emocional del retraso.

Proverbios 13:12 – "La esperanza que se demora es tormento del corazón."

El retraso produce:

- Cansancio emocional
- Frustración espiritual
- Dudas internas
- Tentación a rendirse
- Comparación con otros

Estas emociones no son falta de fe; son **humanidad no procesada**.

Dios no se ofende por tu cansancio; Él quiere caminar contigo a través de él.

2.5 Cuando el Retraso se Convierte en Ruptura

Hay momentos en los que el sueño no solo se retrasa; parece **romperse por completo**.

Esto ocurre cuando:

- El pecado entra en la historia
- Hay decisiones equivocadas
- Otras personas traicionan
- Autoridades fallan
- Circunstancias externas colapsan

En estas temporadas, el dolor no es solo esperar; es **perder**.

Dios no ignora la ruptura; Él entra en ella con nosotros.

2.6 José: El Sueño en la Prisión

José no solo esperó; **sufrió injusticia**.

Su historia nos enseña que:

- El retraso puede incluir dolor
- La fidelidad no evita la prueba
- El sueño no siempre protege del sufrimiento

Génesis 40:15 muestra a un José confundido, clamando por justicia.

Sin embargo, *Génesis 41* revela que **Dios nunca soltó el sueño**.

La prisión no puede encadenar lo que Dios decretó.

2.7 Cuando el Pecado Parece Arruinar el Sueño

Este es uno de los puntos más sensibles.

Muchos sueños se detienen no por oposición externa, sino por **caídas internas**. El pecado produce culpa, vergüenza y silencio espiritual.

Pero la Escritura es clara:

- *Romanos 11:29* – El llamado es irrevocable
- *Miqueas 7:8* – "Aunque caí, me levantaré"

El pecado requiere arrepentimiento, pero el arrepentimiento reactiva el camino.

Dios no improvisa restauración; Él la diseñó desde la eternidad.

2.8 El Peligro de Malinterpretar el Retraso

Cuando el retraso se interpreta mal, produce conclusiones destructivas:

Mentira	Verdad
"Dios me olvidó"	Dios me está formando
"Perdí mi oportunidad"	Dios redime el tiempo
"Ya no soy llamado"	El llamado permanece
"Es demasiado tarde"	Dios hace nuevas todas las cosas

El enemigo no necesita destruir el sueño; solo necesita distorsionar su interpretación.

2.9 Aprendiendo a Esperar sin Endurecer el Corazón

Esperar bíblicamente no es resignarse; es **confiar activamente**.

Isaías 40:31 promete renovación, no desgaste.

Esperar correctamente implica:

- Permanecer en obediencia
- Guardar el corazón del resentimiento
- Mantener vida devocional
- Buscar consejo piadoso

La espera correcta produce madurez, no amargura.

2.10 Dios Trabaja Más en Nosotros que en el Sueño

Durante el retraso, el enfoque de Dios no es el sueño; es el soñador.

Dios trabaja:

- Identidad
- Humildad
- Dependencia
- Obediencia
- Carácter

Dios no acelera el cumplimiento si eso pone en peligro el corazón.

2.11 Restaurar la Confianza Después de la Ruptura

Después de una ruptura, muchos creyentes bajan expectativas para no volver a sufrir.

Pero Dios invita a una fe renovada:

Salmos 37:5 – "Encomienda a Jehová tu camino."

Confiar otra vez es un acto de valentía espiritual.

La fe restaurada no ignora el dolor; lo entrega a Dios.

2.12 Aplicación Espiritual

Ejercicio de Restauración

1. Identifica qué sueño sientes retrasado o roto
2. Nombra el dolor sin minimizarlo
3. Pregunta a Dios:
   ¿Qué estás formando en mí ahora?
4. Rinde nuevamente el sueño a Dios

2.13 Declaración de Fe en la Espera

Declara:

"Aunque el sueño tarde, yo esperaré.

Dios no me ha olvidado.

El retraso no es el final.

Mi tiempo está en Sus manos."

Conclusión del Capítulo 2

- El retraso es parte del proceso, no del castigo
- Dios usa la espera para formar carácter
- El dolor no niega el propósito
- El pecado no cancela el llamado cuando hay arrepentimiento
- Dios redime incluso lo que parece roto

CAPÍTULO 3 - La Realidad del Fracaso y el Pecado

"Porque todos pecaron, y están destituidos de la gloria de Dios." Romanos 3:23 (RVR1960)

3.1 Introducción: El Punto Donde la Fe es Probada

El fracaso es una de las experiencias más universales y, al mismo tiempo, más silenciadas dentro de la vida cristiana. Pocos temas generan tanta vergüenza, confusión y temor como el pecado personal; especialmente cuando afecta el llamado, la familia, el ministerio o el testimonio público.

Este capítulo afirma una verdad esencial que debe ser comprendida con claridad bíblica:

El fracaso revela nuestra fragilidad, pero no redefine el carácter de Dios ni cancela Su propósito.

Ignorar el pecado produce autoengaño. Vivir atrapado en la culpa produce parálisis espiritual. Dios, en Su sabiduría, nos invita a enfrentar el fracaso **con verdad y con gracia.**

3.2 El Pecado Según la Escritura: Más que un Error

En la Biblia, el pecado no es descrito como un simple desliz moral, sino como una **ruptura relacional** que afecta la comunión, la percepción espiritual y la dirección del corazón.

Dimensiones Bíblicas del Pecado

- **Transgresión** – cruzar un límite establecido por Dios
- **Rebelión** – resistir la autoridad divina
- **Desviación** – apartarse del camino correcto
- **Falta de fe** – confiar en uno mismo más que en Dios

El pecado no comienza en el comportamiento; comienza en el corazón.

Por esta razón, la restauración verdadera no se logra solo cambiando hábitos, sino **transformando el interior.**

3.3 Fracaso: Evento vs. Identidad

Una de las mentiras más destructivas que el enemigo utiliza después del pecado es esta: *"Tú eres tu fracaso."*

La Escritura contradice esa mentira con firmeza:

El fracaso describe lo que hiciste; la identidad describe quién eres en Dios.

- Noé se embriagó, pero siguió siendo justo ante Dios
- David pecó gravemente, pero siguió siendo llamado hijo
- Pedro negó, pero fue restaurado como apóstol
- Pablo persiguió, pero fue transformado en instrumento

Proverbios 24:16 afirma que el justo cae, **pero se levanta.**

3.4 El Peso Emocional y Espiritual del Fracaso

El pecado no solo afecta la relación con Dios; afecta profundamente el mundo interior.

Después del fracaso suelen aparecer:

- Culpa persistente
- Vergüenza paralizante
- Miedo al rechazo
- Aislamiento espiritual
- Pérdida de confianza

La culpa dice: *"Hice algo malo."*
La vergüenza dice: *"Yo soy malo."*
Dios trata con la culpa; el enemigo explota la vergüenza.

3.5 Adán y Eva: El Fracaso Original y la Respuesta de Dios

La primera caída humana revela el corazón de Dios frente al pecado.

Después de pecar:

- Adán y Eva se escondieron
- Sintieron vergüenza
- Tuvieron miedo

Pero Dios:

- Los buscó
- Les habló
- Cubrió su desnudez
- Prometió redención

Génesis 3:9 – "¿Dónde estás tú?"

Dios no busca para condenar, sino para restaurar.

3.6 Cuando el Pecado Afecta el Sueño y el Llamado

Aquí se encuentra uno de los mayores temores del creyente: *"¿Arruiné todo?"*

El pecado sí trae consecuencias:

- Retrasos
- Disciplina
- Pérdida de confianza
- Temporadas de silencio

Pero la Biblia es clara:

Las consecuencias disciplinan el comportamiento; la gracia preserva el llamado.

Romanos 11:29 declara que el llamado es irrevocable.

3.7 Disciplina vs. Descalificación

Muchos confunden la disciplina divina con rechazo eterno.

Disciplina	Descalificación
Es correctiva	Es punitiva
Nace del amor	Nace del juicio
Tiene propósito	Produce desesperanza
Es temporal	Se percibe como final

Hebreos 12:6 nos recuerda que Dios disciplina a los que ama.

Si Dios te disciplina, es porque aún te considera Su hijo.

3.8 La Voz del Acusador Después del Fracaso

Después del pecado, la voz del acusador se intensifica:

- "Siempre fallas"
- "Dios ya no te puede usar"
- "Tu testimonio terminó"

Apocalipsis 12:10 lo llama "el acusador de los hermanos".
La acusación:

- Enfoca el pasado
- Niega la gracia
- Paraliza el futuro

Dios convence para sanar; el enemigo acusa para destruir.

3.9 El Arrepentimiento: La Respuesta de Dios al Fracaso

El arrepentimiento bíblico no es autodesprecio; es **retorno al Padre**.
Incluye:

- Confesión honesta
- Cambio de dirección
- Rendición del corazón
- Recepción del perdón

1 Juan 1:9 afirma que Dios no solo perdona, sino que **limpia**.

El arrepentimiento no te humilla; te libera.

3.10 ¿Por Qué Dios Permite que el Fracaso Sea Expuesto?

Aunque dolorosa, la exposición puede ser redentora.

Dios permite la exposición para:

- Romper orgullo
- Sanar heridas ocultas
- Restaurar dependencia
- Purificar el llamado

Salmos 34:18 afirma que Dios está cerca del quebrantado.

Dios hiere para sanar, no para destruir.

3.11 Reinterpretando el Fracaso a la Luz de la Gracia

La gracia no niega la caída; **la redime**.

La gracia dice:

- No estás terminado
- Aún eres llamado
- Aún puedes levantarte
- Aún puedes soñar

Miqueas 7:8 declara: "Cuando cayere, me levantaré."

3.12 Aplicación Pastoral

Ejercicio de Restauración

- Identifica un fracaso que aún pesa
- Nombra la culpa y la vergüenza
- Entrégalas conscientemente a Dios
- Recibe Su perdón sin reservas

3.13 Declaración de Fe

Declara:

"Mi fracaso no define mi identidad.
Soy hijo de Dios.
La gracia me restaura.
El llamado permanece."

Conclusión del Capítulo 3

- El fracaso es real, pero no final
- El pecado requiere arrepentimiento, no huida
- La disciplina es evidencia de amor
- La gracia restaura el camino
- El llamado sobrevive a la caída

CAPÍTULO 4 - El Arrepentimiento Bíblico: La Puerta a la Restauración

"Si confesamos nuestros pecados, Él es fiel y justo para perdonar nuestros pecados,

y limpiarnos de toda maldad." 1 Juan 1:9 (RVR1960)

4.1 Introducción: El Arrepentimiento Malentendido

Pocas palabras han sido tan mal interpretadas dentro de la fe cristiana como la palabra **arrepentimiento**. Para muchos, arrepentirse significa vergüenza pública, humillación permanente o pérdida irreversible del llamado. Para otros, es solo un acto emocional momentáneo sin transformación real.

La Escritura presenta el arrepentimiento de una forma completamente distinta:

El arrepentimiento no es el castigo de Dios, sino Su regalo.

No es una puerta que se cierra, sino la **puerta por la cual Dios inicia la restauración**. Donde no hay arrepentimiento, la restauración es imposible; pero donde hay arrepentimiento genuino, **la gracia siempre responde**.

4.2 El Significado Bíblico del Arrepentimiento (Metanoia)

La palabra griega *metanoia* significa literalmente **cambio de mente, cambio de dirección, cambio de corazón**. No describe simplemente sentir tristeza por el pecado, sino una transformación interior que produce un nuevo rumbo.

El arrepentimiento bíblico implica:

- Reconocer el pecado sin excusas
- Alinear el pensamiento con la verdad de Dios
- Volver el corazón hacia Él
- Caminar en obediencia renovada

El arrepentimiento no es solo dejar el pecado, sino volver a Dios.

4.3 Arrepentimiento vs. Remordimiento

Uno de los errores más comunes es confundir el remordimiento con el arrepentimiento.

Remordimiento	Arrepentimiento
Se enfoca en el dolor	Se enfoca en la relación
Produce culpa	Produce cambio
Mira consecuencias	Mira el corazón de Dios
Puede llevar a desesperación	Lleva a restauración

2 Corintios 7:10 enseña que la tristeza según Dios produce arrepentimiento para salvación.

El remordimiento lamenta lo perdido; el arrepentimiento recupera lo que parecía perdido.

4.4 El Corazón de Dios Frente al Arrepentido

Dios no se muestra renuente al perdón; Él lo ofrece con prontitud cuando hay un corazón contrito.

- *Joel 2:12–13* — Dios es clemente y misericordioso
- *Isaías 1:18* — El pecado puede ser limpiado
- *Salmos 103:12* — Dios quita el pecado completamente

Dios no tolera el pecado, pero abraza al pecador arrepentido.
La restauración no comienza con perfección, sino con **honestidad**.

4.5 El Arrepentimiento en la Vida de David

David no solo confesó su pecado; **permitió que Dios examinara su interior.**

En el Salmo 51 vemos:

- Confesión sin defensa
- Reconocimiento del daño espiritual
- Clamor por limpieza interior
- Deseo de restauración del gozo

David no pidió primero que se restaurara su trono, sino su **corazón**.

Dios siempre restaura primero el interior antes de restaurar lo exterior.

4.6 El Arrepentimiento Limpia la Conciencia

El pecado no confesado afecta la conciencia, produciendo:

- Culpa persistente
- Distancia espiritual
- Oración sin libertad
- Pérdida de gozo

Hebreos 9:14 afirma que la sangre de Cristo limpia la conciencia para servir a Dios.

El perdón borra la culpa; el arrepentimiento restaura la libertad interior.

4.7 Arrepentimiento y Restauración de la Visión

El pecado nubla la visión espiritual. El arrepentimiento la restaura.

Salmos 32:3–5 muestra que mientras David calló su pecado, perdió vitalidad espiritual; cuando confesó, recuperó libertad.

La claridad espiritual regresa cuando la confesión es sincera.

La visión no se restaura por esfuerzo, sino por **alineación**.

4.8 El Arrepentimiento No Elimina Consecuencias, Pero Redime el Camino

Una verdad madura debe ser aceptada: el arrepentimiento no siempre elimina las consecuencias inmediatas.

Sin embargo:

- Cambia su propósito
- Evita consecuencias mayores
- Redime el proceso
- Protege el futuro

Lamentaciones 3:31–33 afirma que Dios no desecha para siempre.

Las consecuencias no son señal de rechazo, sino de formación.

4.9 Disciplina y Arrepentimiento

La disciplina divina no contradice la gracia; la confirma.

Hebreos 12:11 enseña que la disciplina produce fruto apacible de justicia.

Disciplina bíblica:

- Corrige el rumbo
- Protege el llamado
- Forma carácter
- Produce madurez

Dios disciplina a los que planea restaurar.

4.10 Confesión y Rendición de Cuentas

El arrepentimiento genuino busca luz, no oscuridad.

Proverbios 28:13 — El que confiesa y se aparta alcanza misericordia.

La confesión saludable:

- Rompe el poder del secreto
- Inicia sanidad
- Establece protección
- Promueve crecimiento

La restauración florece donde hay verdad y acompañamiento.

4.11 El Retorno del Gozo

Uno de los frutos más claros del arrepentimiento genuino es el regreso del gozo.

Salmos 51:12 — "Devuélveme el gozo de Tu salvación."

El gozo:

- No depende de circunstancias

- Confirma restauración interior
- Fortalece la fe

El gozo es señal de que la gracia ha sido recibida plenamente.
4.12 Aplicación Espiritual
Ejercicio de Arrepentimiento Guiado

1. Preséntate ante Dios sin defensas
2. Nombra el pecado con honestidad
3. Confía en Su misericordia
4. Recibe Su perdón conscientemente
5. Decide caminar en obediencia

4.13 Declaración de Fe
Declara:
"Me vuelvo a Dios con todo mi corazón.
Recibo Su perdón.
Mi conciencia es limpiada.
Mi camino es restaurado.
La gracia me sostiene."
Conclusión del Capítulo 4

- El arrepentimiento es un regalo, no un castigo
- Dios responde al corazón contrito con gracia
- El arrepentimiento restaura la conciencia y la visión
- Las consecuencias forman, no destruyen
- El arrepentimiento abre el camino a la restauración total

CAPÍTULO 5 - David: Restaurado Después del Colapso Moral

"He hallado a David hijo de Isaí, varón conforme a Mi corazón, quien hará todo lo que Yo quiero." Hechos 13:22 (RVR1960)

5.1 Introducción: Cuando un Gran Llamado Enfrenta una Gran Caída

La historia de David nos confronta con una verdad incómoda pero necesaria: **un gran llamado no inmuniza contra una gran caída**. David fue ungido, escogido, afirmado por Dios y usado poderosamente, y aun así cayó en un pecado que involucró adulterio, engaño y homicidio.

Este capítulo responde a una de las preguntas más dolorosas del corazón humano:

¿Puede Dios restaurar plenamente a alguien que ha fallado gravemente, aun en el área moral?

La respuesta bíblica es clara, pero no superficial: **sí, Dios restaura**, pero lo hace a través de un proceso profundo de arrepentimiento, disciplina, sanidad y transformación.

5.2 El Llamado y la Unción Antes del Pecado

Antes de su caída, David ya había sido:

- Escogido soberanamente por Dios (1 Samuel 16)
- Ungido por el profeta Samuel
- Lleno del Espíritu del Señor
- Usado como libertador de Israel
- Reconocido como adorador conforme al corazón de Dios

La unción de David no fue accidental ni temporal; fue **divina y auténtica**.

El pecado de David no invalida su llamado; revela su humanidad.

Esto nos enseña que Dios no llama a personas perfectas, sino a personas **dispuestas a ser formadas**.

5.3 El Proceso del Colapso Moral: Una Caída Progresiva

El pecado de David no ocurrió de forma instantánea; fue el resultado de una **serie de decisiones no atendidas.**

Etapas del Colapso (2 Samuel 11)

1. **Desalineación** – David no fue a la guerra
2. **Pasividad** – Se permitió comodidad
3. **Tentación visual** – No apartó la mirada
4. **Decisión interna** – Permitió que el deseo creciera
5. **Acción pecaminosa** – Adulterio
6. **Encubrimiento** – Engaño
7. **Escalada** – Muerte de Urías

La mayoría de las caídas grandes comienzan con concesiones pequeñas.

Este patrón es vital para la consejería y la prevención.

5.4 El Silencio de David: Cuando el Pecado No Se Confiesa

Durante un tiempo, David guardó silencio. No confesó, no se arrepintió de inmediato.

Salmos 32:3–4 describe el efecto de ese silencio:

- Angustia interior
- Pérdida de vitalidad espiritual
- Pesadez emocional

El silencio no borra el pecado; lo profundiza.

Muchos creyentes no están lejos de Dios por rebeldía, sino por **vergüenza no resuelta.**

5.5 La Confrontación Profética: Misericordia Disfrazada

Dios envió al profeta Natán, no para humillar públicamente a David, sino para **rescatarlo.**

La confrontación fue:

- Clara
- Valiente
- Personal
- Redentiva

2 Samuel 12:7 – "Tú eres aquel hombre."

La confrontación bíblica no destruye; despierta.

Donde hay amor verdadero, hay verdad hablada con propósito de restauración.

5.6 La Respuesta de David: Arrepentimiento sin Defensa

David no justificó su pecado, no culpó a otros, no apeló a su posición.

Su respuesta fue inmediata y sincera:

"Pequé contra Jehová." (2 Samuel 12:13)

La restauración comienza cuando termina la auto-defensa.

Esta respuesta distingue a David de otros líderes bíblicos que endurecieron su corazón.

5.7 El Salmo 51: Anatomía del Arrepentimiento Verdadero

El Salmo 51 revela la profundidad del arrepentimiento de David.

Elementos Clave

- Reconocimiento total del pecado
- Apelación a la misericordia, no al mérito
- Deseo de limpieza interior
- Anhelo de restauración del gozo
- Compromiso de vida transformada

David no pidió primero restitución de su reputación, sino **renovación del corazón.**

Dios restaura el interior antes de restaurar la influencia.

5.8 Perdón Inmediato, Consecuencias Reales

Natán declaró el perdón de Dios, pero también anunció consecuencias.

Esto revela una verdad madura:

- El perdón restaura la relación
- Las consecuencias forman el carácter

El perdón es instantáneo; la restauración del carácter es progresiva.

Las consecuencias no anulan el llamado, pero sí **reordenan el proceso.**

5.9 La Restauración de la Comunión y la Adoración

Después de su arrepentimiento, David **volvió a adorar.**

- Escribió salmos
- Buscó la presencia de Dios
- Recuperó intimidad espiritual

La restauración se evidencia cuando la adoración vuelve a ser genuina.

David no perdió su sensibilidad espiritual; la recuperó.

5.10 Restauración del Liderazgo y del Legado

Aunque David enfrentó consecuencias familiares y públicas, Dios:

- Mantuvo su pacto con él
- Le permitió preparar el templo
- Aseguró su linaje mesiánico

Mateo 1:1 identifica a Jesús como "hijo de David".

Dios no solo restauró a David; redimió su legado.

5.11 Principios para la Restauración de Líderes Hoy

De la vida de David aprendemos:

1. La unción no reemplaza el carácter
2. El pecado no tratado escala
3. La confrontación amorosa es necesaria
4. El arrepentimiento sincero restaura

5. La disciplina no cancela el pacto
6. El legado puede ser redimido

5.12 Restauración No Significa Regresar Igual

David nunca volvió a ser el mismo… **fue mejorado por la gracia.** Después de la caída:

- Más humildad
- Más dependencia
- Más compasión
- Más profundidad espiritual

La restauración bíblica no devuelve al pasado; crea un futuro transformado.

5.13 Aplicación Pastoral
Ejercicio de Restauración

- Identifica áreas donde has evitado confrontación
- Permite que Dios hable con verdad
- Responde sin defensas
- Abraza la disciplina con humildad
- Camina en obediencia renovada

5.14 Declaración de Fe
Declara:
"Como David, me vuelvo a Dios con todo mi corazón.
Mi pecado no cancela Su pacto.
La gracia me restaura.
Mi legado puede ser redimido."

Conclusión del Capítulo 5

- El colapso moral no sorprende a Dios
- La confrontación es misericordia

- El arrepentimiento sincero restaura
- Las consecuencias forman, no destruyen
- El legado puede ser redimido

CAPÍTULO 6 - Pedro: Fracaso, Perdón y Re-Comisión

"Simón, Simón, he aquí Satanás os ha pedido para zarandearos como a trigo;

pero Yo he rogado por ti, que tu fe no falte." Lucas 22:31–32 (RVR1960)

6.1 Introducción: El Fracaso que Nace del Miedo

El fracaso de Pedro no nació de la maldad, ni de una vida doble, ni de un corazón endurecido. Nació del **miedo**. Pedro amaba a Jesús, creía en Él y estaba sinceramente comprometido con Su causa, y aun así negó conocerlo tres veces.

Esto nos confronta con una verdad pastoral muy importante:

No todos los fracasos nacen de la rebelión; muchos nacen de la fragilidad humana bajo presión.

Este capítulo es profundamente consolador porque demuestra que **Jesús restaura no solo a los que pecan deliberadamente, sino también a los que fallan por temor, debilidad o agotamiento emocional.**

6.2 El Llamado de Pedro: Identidad Antes de Madurez

Jesús llamó a Pedro cuando todavía era impulsivo, inestable y emocionalmente reactivo.

- "Tú eres Simón... tú serás llamado Pedro" (Juan 1:42)
- Pedro fue llamado *roca* antes de ser firme

Jesús no llamó a Pedro por lo que era, sino por lo que llegaría a ser.

El llamado de Dios muchas veces precede a la formación del carácter. La visión va delante del proceso.

6.3 Confianza en Sí Mismo: La Antesala de la Caída

Pedro declaró con seguridad:

"Aunque todos se escandalicen, yo no." (Marcos 14:29)

Esta declaración no nació de arrogancia maliciosa, sino de **exceso de confianza en sí mismo.**

La autosuficiencia espiritual es más peligrosa que la debilidad reconocida.

Pedro sobreestimó su fortaleza y subestimó la presión del momento.

6.4 El Aviso de Jesús: Gracia Antes del Fracaso

Jesús no se sorprendió por la caída de Pedro. De hecho, la anticipó.

"Antes que el gallo cante, me negarás tres veces."

Pero Jesús también declaró algo poderoso:

"Yo he rogado por ti."

Jesús ora por nosotros incluso antes de que fallemos.

La intercesión de Cristo precede a nuestra caída y garantiza que el fracaso **no será final**.

6.5 El Momento del Fracaso: Negación Bajo Presión

Pedro negó a Jesús:

- En un ambiente hostil
- Rodeado de acusación
- Bajo amenaza real

Su negación fue:

- Progresiva
- Cada vez más fuerte
- Cada vez más defensiva

Finalmente, el gallo cantó.

Lucas 22:61 dice que Jesús miró a Pedro.

No fue una mirada de condenación, sino de verdad y amor.

6.6 El Quebranto de Pedro: Cuando el Orgullo Muere

Pedro salió y **lloró amargamente**.

Este llanto no fue solo tristeza; fue **quebrantamiento**. Allí murió el orgullo, la autosuficiencia y la falsa fortaleza.

Dios no restaura a quienes se justifican, sino a quienes se quebrantan.

El quebranto es el terreno donde la gracia comienza a obrar profundamente.

6.7 El Silencio Después del Fracaso

Después de negar a Jesús, Pedro no habló, no lideró, no preguntó. Guardó silencio.

Muchos creyentes conocen este silencio:

- No se sienten dignos de hablar
- No saben si aún son llamados
- Temen volver a acercarse

El silencio después del fracaso no significa que Dios se fue; significa que el corazón está procesando la caída.

6.8 La Resurrección y el Mensaje Personal

El ángel dijo:

"Decid a Sus discípulos, y a Pedro..." (Marcos 16:7)

Pedro fue mencionado por nombre.

Jesús separó a Pedro del grupo para asegurarle que no había sido excluido.

Antes de restaurar públicamente a Pedro, Jesús restauró **su esperanza.**

6.9 Juan 21: La Restauración Intencional

Jesús restauró a Pedro **en el mismo contexto donde falló**:

- Alrededor de un fuego
- Con preguntas repetidas
- Con amor insistente

Tres preguntas por tres negaciones:

"¿Me amas?"

Jesús no preguntó:

- "¿Por qué fallaste?"
- "¿Me prometes no volver a fallar?"

Preguntó por el **amor**.

La restauración comienza cuando el amor es afirmado, no cuando el pasado es re-examinado.

6.10 Re-Comisión: Restaurado para Pastorear

Después de cada afirmación de amor, Jesús dijo:

- "Apacienta Mis ovejas"

Jesús no solo perdonó a Pedro; **lo volvió a comisionar.**

Jesús no restaura solo la relación; restaura la responsabilidad.

La comisión fue gradual, madura y con mayor dependencia.

6.11 Pedro Después de la Restauración

En Hechos vemos un Pedro transformado:

- Más humilde
- Más dependiente del Espíritu
- Más compasivo
- Más valiente, pero no arrogante

El Pedro restaurado fue más fuerte que el Pedro confiado en sí mismo.

6.12 Principios de Restauración del Fracaso por Miedo

De la vida de Pedro aprendemos:

1. El miedo no cancela el llamado
2. Jesús intercede antes del fracaso
3. El quebranto precede a la restauración
4. El amor sana más que la vergüenza
5. La comisión regresa con madurez

6.13 Aplicación Pastoral
Ejercicio de Restauración

- Identifica áreas donde fallaste por miedo
- Reconoce tu fragilidad sin condenarte
- Permite que Jesús te pregunte: "¿Me amas?"
- Recibe Su comisión nuevamente

6.14 Declaración de Fe
Declara:
"Como Pedro, he fallado por miedo,
pero no he sido abandonado.
Jesús oró por mí.
Mi fe no faltará.
Mi llamado será restaurado."

CAPÍTULO 7 - Venciendo la Culpa, la Vergüenza y la Condenación

"Ahora, pues, ninguna condenación hay para los que están en Cristo Jesús."
Romanos 8:1 (RVR1960)

7.1 Introducción: El Enemigo Invisible de la Restauración

Muchos creyentes han sido genuinamente perdonados por Dios, pero continúan viviendo como si aún estuvieran bajo juicio. Este fenómeno no es falta de fe, sino el resultado de **culpa no resuelta, vergüenza interiorizada y condenación aceptada como identidad.**

Este capítulo establece una verdad liberadora:

Dios puede haber perdonado completamente, mientras el corazón aún no ha sido sanado.

La restauración no está completa hasta que la conciencia es limpiada y la identidad es reafirmada.

7.2 Diferenciando Culpa, Vergüenza y Condenación

Aunque suelen confundirse, la Biblia distingue claramente estos tres conceptos.

Culpa

- Está relacionada con lo que *hicimos*
- Puede ser saludable si nos lleva al arrepentimiento
- Es removida por el perdón de Dios

1 Juan 1:9 – "Él es fiel y justo para perdonar."
Vergüenza

- Está relacionada con quién *creemos que somos*
- Ataca la identidad
- Produce ocultamiento y aislamiento

Génesis 3:10 – "Tuve miedo... y me escondí."

Condenación

- Es una acusación continua
- Niega la gracia
- Paraliza el futuro

Apocalipsis 12:10 – "El acusador de los hermanos."

La culpa puede ser sanada; la vergüenza debe ser confrontada; la condenación debe ser rechazada.

7.3 La Función Redentora de la Culpa

La culpa, cuando es guiada por el Espíritu Santo, cumple una función redentora:

- Revela el pecado
- Llama al arrepentimiento
- Protege la conciencia
- Conduce a la restauración

La culpa es una alarma; no es un hogar donde debamos vivir.

El problema surge cuando, después del arrepentimiento, seguimos cargando la culpa como castigo personal.

7.4 La Vergüenza: La Herida de la Identidad

La vergüenza es una de las armas más devastadoras del enemigo porque **redefine la identidad.**

La vergüenza dice:

- "Soy defectuoso"
- "No merezco ser usado"
- "Dios tolera, pero no restaura"

Dios trata el pecado; el enemigo explota la vergüenza.

Cristo no solo murió para perdonar pecados, sino para **restaurar dignidad.**

Hebreos 12:2 afirma que Jesús despreció la vergüenza en la cruz.

7.5 Adán y Eva: El Nacimiento de la Vergüenza

Antes de pecar, Adán y Eva estaban desnudos y no se avergonzaban. Después del pecado, **la vergüenza apareció inmediatamente**.

La respuesta de Dios fue reveladora:

- No los rechazó
- No los humilló
- Los cubrió

Dios no expone para avergonzar; cubre para restaurar.

Esta es la primera imagen bíblica de la gracia restauradora.

7.6 La Condenación: La Voz que Nunca es de Dios

La condenación no proviene de Dios. Nunca.

Dios:

- Convence
- Corrige
- Disciplina
- Restaura

El enemigo:

- Acusa
- Avergüenza
- Recuerda el pasado
- Niega el futuro

Dios apunta al camino; la condenación apunta al pasado.

Romanos 8:33–34 afirma que nadie puede condenar a quien Dios ha justificado.

7.7 Jesús y la Mujer Sorprendida en Adulterio

Juan 8 presenta una escena profundamente restauradora.

Jesús:

- No negó el pecado
- No participó en la humillación
- No permitió la condenación
- Restauró la dignidad

"Ni Yo te condeno; vete, y no peques más."
Jesús quitó la condenación sin justificar el pecado.
Esta es la esencia de la gracia bíblica.

7.8 La Conciencia Limpia: El Fruto de la Gracia

Muchos creyentes viven con una conciencia constantemente acusada.

Hebreos 9:14 enseña que la sangre de Cristo limpia la conciencia para servir a Dios.

Una conciencia limpia:

- Libera la oración
- Restaura el gozo
- Devuelve la paz
- Habilita el servicio

Dios no limpia la conciencia para recordarnos el pasado, sino para liberarnos hacia el futuro.

7.9 El Peligro de la Auto-Condenación Espiritual

Algunos creyentes practican la auto-condenación como falsa humildad.

Frases comunes:

- "Nunca seré digno"
- "No merezco nada"
- "Siempre pagaré por esto"

La auto-condenación no es humildad; es incredulidad disfrazada.

Aceptar el perdón de Dios honra la obra de Cristo.

7.10 Renovando la Mente Después del Fracaso

La vergüenza deja **huellas mentales**.

Pensamientos comunes:

- "Dios me tolera, pero no me usa"
- "Siempre seré vulnerable"
- "No puedo volver a confiar"

Romanos 12:2 nos llama a renovar la mente.

La renovación incluye:

- Identificar mentiras
- Reemplazarlas con verdad bíblica
- Reafirmar identidad en Cristo

La libertad interior se construye pensamiento por pensamiento.

7.11 La Identidad en Cristo como Antídoto

La Escritura afirma que en Cristo somos:

- Nuevas criaturas
- Justificados
- Aceptados
- Amados
- Restaurados

La identidad en Cristo es más fuerte que cualquier pasado.

Mientras el enemigo dice "recuerda", Dios dice "mira quién eres ahora".

7.12 Sanando la Vergüenza a Través de la Comunidad

La vergüenza florece en secreto; la sanidad florece en comunidad.
Gálatas 6:2 — "Sobrellevad los unos las cargas de los otros."
Comunidad sana:

- Escucha sin condenar
- Afirma sin encubrir
- Acompaña sin controlar

La vergüenza pierde poder cuando es expuesta en un ambiente seguro.

7.13 Aplicación Pastoral
Ejercicio de Liberación

1. Escribe las frases de vergüenza que se repiten en tu mente
2. Identifica su origen
3. Contrástalas con la Palabra
4. Declara la verdad en voz alta

7.14 Declaración de Fe

Declara:
"No vivo bajo culpa ni vergüenza.
No acepto condenación.
Estoy en Cristo.
Soy perdonado.
Soy restaurado.
Soy libre."

CAPÍTULO 8 - Sanidad del Alma Después del Fracaso

"Él sana a los quebrantados de corazón, y venda sus heridas." Salmos 147:3 (RVR1960)

8.1 Introducción: Perdonados, pero No Siempre Sanos

Uno de los grandes vacíos en muchos procesos de restauración es asumir que **el perdón automático produce sanidad automática**. La Biblia enseña que el perdón restaura la relación con Dios, pero la sanidad del alma es un **proceso progresivo** que requiere tiempo, verdad, gracia y acompañamiento.

Muchos creyentes:

- Han confesado su pecado
- Han recibido perdón
- Han sido restaurados espiritualmente

Pero continúan viviendo con:

- Ansiedad
- Temores persistentes
- Heridas emocionales
- Pérdida de confianza
- Fatiga espiritual

Dios no solo quiere perdonarte; quiere sanarte por completo.

8.2 ¿Qué es el Alma Según la Escritura?

La Biblia distingue entre espíritu, alma y cuerpo (1 Tesalonicenses 5:23).

El **alma** incluye:

- La mente (pensamientos)

- Las emociones (sentimientos)
- La voluntad (decisiones)

Cuando el pecado, el fracaso o el trauma ocurren, el impacto más profundo suele quedar **alojado en el alma**, no solo en la conciencia espiritual.

El alma herida interpreta la vida desde el dolor, no desde la verdad.

8.3 Cómo el Fracaso Hiere el Alma

El fracaso no solo produce culpa espiritual; produce **heridas emocionales reales**.

Entre las más comunes:

- Sensación de rechazo
- Pérdida de autoestima
- Temor al juicio
- Desconfianza hacia otros
- Autoprotección excesiva

Estas heridas afectan:

- Relaciones
- Ministerio
- Liderazgo
- Vida familiar
- Capacidad de soñar

Las heridas no sanadas moldean decisiones futuras.

8.4 Trauma Espiritual y Emocional

No todo dolor es pecado; muchos fracasos están acompañados de **trauma**.

Trauma espiritual ocurre cuando:

- La caída fue pública
- Hubo humillación
- Se perdió autoridad o reputación
- Se experimentó rechazo espiritual

Síntomas comunes:

- Hipervigilancia
- Miedo a exponerse
- Bloqueo emocional
- Desconexión espiritual

El trauma no indica falta de fe; indica que el alma fue sobrepasada.

8.5 Jesús: El Sanador del Alma

Jesús no solo perdonó pecados; **sanó corazones**.

- Restauró dignidad a los rechazados
- Escuchó a los quebrantados
- Tocó a los impuros
- Lloró con los heridos

Isaías 61:1 declara que el Mesías vino a **sanar a los quebrantados de corazón**.

Jesús sana no con prisa, sino con presencia.

8.6 La Sanidad Empieza con la Verdad

La sanidad interior requiere **nombrar el dolor**, no negarlo.

Juan 8:32 — "La verdad os hará libres."

Verdad implica:

- Reconocer la herida
- Aceptar la pérdida
- Identificar emociones reales

- Rechazar narrativas falsas

Lo que no se nombra, no se puede sanar.
8.7 El Duelo Después del Fracaso
Todo fracaso implica una pérdida:

- Pérdida de confianza
- Pérdida de posición
- Pérdida de tiempo
- Pérdida de imagen

La Biblia valida el duelo.
Eclesiastés 3:4 — "Tiempo de llorar."
El duelo no es debilidad; es parte de la sanidad.
Ignorar el duelo prolonga la herida.
8.8 Restauración de la Confianza
Después del fracaso, la confianza se quiebra en tres niveles:

1. Confianza en uno mismo
2. Confianza en otros
3. Confianza en Dios

La restauración es progresiva.
Proverbios 3:5 — "Confía en Jehová."
La confianza se reconstruye paso a paso, no con declaraciones instantáneas.
8.9 Renovación de la Mente Herida
Las heridas producen pensamientos automáticos:

- "No soy seguro"
- "Siempre fallaré"
- "No puedo confiar"

Romanos 12:2 llama a una renovación intencional.
Esto incluye:

- Identificar pensamientos traumáticos
- Sustituirlos por verdad bíblica
- Repetir la verdad hasta que se arraigue

La mente sana cuando la verdad reemplaza al miedo.
8.10 El Rol del Espíritu Santo en la Sanidad
El Espíritu Santo:

- Consola
- Recuerda la verdad
- Sana progresivamente
- Guía el proceso

Juan 14:26 — "Él os enseñará."
El Espíritu no fuerza la sanidad; la acompaña.
8.11 Comunidad y Sanidad del Alma
La sanidad del alma no ocurre en aislamiento.
Gálatas 6:2 — "Sobrellevad los unos las cargas."
La comunidad sana:

- Proporciona seguridad
- Rompe el aislamiento
- Refuerza la identidad
- Acompaña el proceso

La sanidad se acelera en relaciones seguras.
8.12 Cuándo Buscar Ayuda Profesional
Buscar ayuda no es falta de espiritualidad, es sabiduría.
Se recomienda ayuda profesional cuando:

- El trauma persiste
- Hay ansiedad o depresión crónica
- Hay bloqueo emocional
- Hay pensamientos autodestructivos

Proverbios 11:14 — "En la multitud de consejeros hay seguridad."

8.13 Del Dolor a la Fortaleza

La sanidad no borra el pasado; **lo transforma.**

Después de la sanidad:

- Hay mayor compasión
- Hay mayor humildad
- Hay mayor sabiduría
- Hay mayor profundidad espiritual

Las almas sanadas no vuelven iguales; vuelven más fuertes.

8.14 Aplicación Pastoral

Ejercicio de Sanidad del Alma

1. Identifica una herida emocional persistente
2. Nombra la emoción principal
3. Preséntala a Dios en oración
4. Permite que Su verdad ministre esa área
5. Comprométete con el proceso

8.15 Declaración de Fe

Declara:

"Dios sana mi alma.

Mis heridas no me definen.

Mi pasado está siendo redimido.

Mi corazón está siendo restaurado.

Camino hacia la sanidad completa."

CAPÍTULO 9 - Restaurando la Identidad y el Llamado

"De modo que si alguno está en Cristo, nueva criatura es; las cosas viejas pasaron; he aquí todas son hechas nuevas." 2 Corintios 5:17 (RVR1960)

9.1 Introducción: Sanados para Saber Quiénes Somos

La sanidad del alma prepara el terreno, pero **la identidad restaurada da dirección**. Muchos creyentes han sido sanados emocionalmente, pero aún viven con una identidad fragmentada: ya no se ven como pecadores activos, pero tampoco se perciben como personas plenamente llamadas.

Este capítulo afirma una verdad fundamental:

La restauración no está completa hasta que la identidad y el llamado son reafirmados.

Dios no sana solo para aliviar el dolor; sana para **reposicionar al creyente en su diseño original**.

9.2 ¿Qué es la Identidad Bíblica?

La identidad bíblica no se construye sobre:

- El desempeño
- El ministerio
- La reputación
- El pasado

La identidad bíblica se fundamenta en:

- Relación con Dios
- Redención en Cristo
- Adopción espiritual
- Nueva creación

Juan 1:12 declara que somos hechos hijos de Dios.
La identidad no se gana; se recibe.

9.3 Cómo el Fracaso Distorsiona la Identidad

El fracaso no solo rompe la confianza; **redefine erróneamente el "yo" interior**.

Después de una caída, muchos creen:

- "Soy un fracaso"
- "No soy digno de confianza"
- "Ya no soy útil"
- "Mi mejor tiempo ya pasó"

Estas ideas no son bíblicas; son **narrativas construidas desde el dolor**.

El fracaso es un evento; la identidad es una verdad eterna en Cristo.

9.4 Identidad Antes que Función

Uno de los errores más comunes en la restauración es intentar **volver a hacer antes de volver a ser**.

Jesús restauró:

- El corazón de Pedro antes de su comisión
- La identidad de la mujer samaritana antes de su testimonio
- La dignidad del endemoniado gadareno antes de enviarlo

Dios restaura identidad antes de restaurar responsabilidad.

Cuando la identidad no está firme, el llamado se convierte en presión.

9.5 El Llamado de Dios es Irrevocable

Una de las verdades más liberadoras para el creyente restaurado es Romanos 11:29:

"Porque irrevocables son los dones y el llamamiento de Dios."

El llamado puede:

- Pausarse
- Refinarse
- Redirigirse
- Madurar

Pero no se cancela por arrepentimiento genuino.

Dios sabía de tu caída cuando te llamó, y aun así te llamó.

9.6 Redefiniendo el Llamado Después de la Restauración

La restauración no siempre devuelve exactamente la misma función, pero **sí preserva la esencia del llamado.**

Después de la restauración:

- El enfoque suele ser más pastoral que público
- El ritmo suele ser más saludable
- La motivación suele ser más pura
- La compasión suele ser más profunda

El llamado restaurado es menos ruidoso, pero más sólido.

9.7 Identidad Sana vs. Identidad Basada en el Ministerio

Muchos líderes confunden quiénes son con lo que hacen.

Cuando el ministerio define la identidad:

- El fracaso destruye la autoestima
- El éxito alimenta el orgullo
- La corrección se percibe como rechazo

Cuando Cristo define la identidad:

- Hay estabilidad emocional
- Hay humildad
- Hay libertad para aprender

El ministerio fluye desde la identidad; no la crea.

9.8 La Comparación: Enemiga del Llamado Restaurado
Después del fracaso, la comparación se intensifica:

- "Otros avanzaron mientras yo caí"
- "Ya no hay lugar para mí"
- "Llegué tarde"

Gálatas 6:4 llama a examinar la propia obra.
Dios no compara llamados; Él los diseña individualmente.
La comparación roba gozo y distorsiona propósito.
9.9 Sanando la Autoimagen Espiritual
La autoimagen herida genera:

- Inseguridad crónica
- Necesidad de aprobación
- Temor al error
- Autoprotección excesiva

Dios desea sanar no solo lo que creemos de Él, sino **lo que creemos de nosotros mismos en Él**.
Verte como Dios te ve es parte esencial de la restauración.
9.10 Caminando Desde la Identidad, No Hacia Ella
Muchos viven intentando *probar* que han cambiado.
La gracia invita a vivir desde una verdad ya establecida:

- Aceptados
- Justificados
- Restaurados
- Enviados

Efesios 1:6 — "Aceptos en el Amado."

No caminas para ganar identidad; caminas porque ya la tienes.

9.11 El Llamado Restaurado y el Temor a Recaer

Un temor común es:

"¿Y si vuelvo a fallar?"

La respuesta no es parálisis, sino **sabiduría:**

- Rendición de cuentas
- Ritmos saludables
- Humildad constante
- Dependencia del Espíritu

La identidad sana produce vigilancia, no miedo.

9.12 Reaprender a Soñar Desde una Identidad Restaurada

Soñar otra vez no significa ignorar el pasado, sino **soñar desde una identidad madura.**

El sueño restaurado:

- Es menos egocéntrico
- Es más alineado con el Reino
- Es más compasivo
- Es más obediente

Los sueños restaurados nacen de la identidad, no de la ambición.

9.13 Aplicación Pastoral

Ejercicio de Identidad Restaurada

1. Escribe cómo te definías antes del fracaso
2. Escribe cómo te definiste después del fracaso
3. Escribe lo que Dios dice ahora de ti
4. Declara esa verdad diariamente

9.14 Declaración de Fe

Declara:

"Mi identidad está en Cristo.

Mi pasado no me define.

Mi llamado permanece.

Camino desde la gracia.

Dios aún me usa."

Conclusión del Capítulo 9

- La sanidad prepara el corazón
- La identidad restaurada da dirección
- El llamado no es cancelado
- El propósito es refinado
- Soñar otra vez es posible

CAPÍTULO 10 - Atrévete a Soñar Otra Vez

"No os acordéis de las cosas pasadas, ni traigáis a memoria las cosas antiguas.

He aquí que Yo hago cosa nueva." Isaías 43:18–19 (RVR1960)

10.1 Introducción: El Momento Decisivo

Después del arrepentimiento, la sanidad y la restauración de la identidad, llega el momento más vulnerable: **volver a creer**. No creer que Dios puede perdonar - eso ya fue resuelto - sino creer que **Dios todavía puede usar, guiar y cumplir Su propósito.**

Muchos creyentes restaurados se quedan detenidos aquí. No porque duden de Dios, sino porque temen **volver a ilusionarse y volver a caer.**

Este capítulo afirma una verdad central:

Dios no restaura para que sobrevivas; restaura para que avances.

Soñar otra vez no es un acto emocional; es un **acto de fe madura.**

10.2 El Miedo a Soñar Después del Fracaso

El miedo posterior al fracaso no siempre es irracional; suele ser una forma de autoprotección.

Miedos comunes:

- "¿Y si vuelvo a fallar?"
- "¿Y si no escucho bien a Dios?"
- "¿Y si decepciono otra vez?"
- "¿Y si ya no es para mí?"

El miedo no significa que la restauración falló; significa que el corazón está despertando nuevamente.

La fe no elimina el miedo; **lo enfrenta con verdad.**

10.3 Soñar Otra Vez No Es Negar el Pasado

Dios no pide amnesia espiritual. El pasado no se borra; se **redime.**

Soñar otra vez implica:

- Aprender del pasado
- Reconocer límites
- Caminar con sabiduría
- Mantener humildad

La fe madura recuerda sin condenarse.

El pasado se convierte en maestro, no en juez.

10.4 La Diferencia entre Fe y Presunción

Uno de los mayores peligros después de la restauración es confundir fe con prisa.

Fe	Presunción
Escucha a Dios	Se adelanta
Busca consejo	Ignora advertencias
Camina en obediencia	Corre por emoción
Acepta procesos	Exige resultados

Proverbios 19:2 advierte que el deseo sin conocimiento no es bueno.

La fe verdadera espera instrucciones claras.

10.5 Dios Puede Redefinir el Sueño

A veces Dios no revive el sueño exactamente igual; **lo refina.**

Después de la restauración:

- Cambia el ritmo
- Ajusta el alcance
- Profundiza el propósito
- Corrige motivaciones

El sueño sigue siendo de Dios, aunque su forma cambie.

Muchos sueños restaurados son más pequeños en apariencia, pero **más grandes en impacto eterno.**

10.6 El Valor del Comienzo Pequeño

Después del fracaso, Dios rara vez devuelve grandes plataformas de inmediato.

Zacarías 4:10 — "No menospreciéis los días de las pequeñeces."
Comenzar pequeño:

- Protege el corazón
- Permite observar frutos
- Fortalece carácter
- Reconstruye confianza

Dios prefiere cimientos firmes antes que alturas rápidas.
10.7 Obediencia Antes que Claridad Total
Dios no suele mostrar el panorama completo de inmediato.
La obediencia precede a la claridad.
Ejemplos bíblicos:

- Abraham salió sin conocer el destino
- Pedro caminó sin ver el final
- José obedeció sin comprender la prisión

Dios revela el siguiente paso, no todo el camino.
10.8 Caminando con Valentía, No con Arrogancia
La valentía restaurada no grita; **camina.**
Características de la valentía sana:

- Humildad
- Dependencia del Espíritu
- Disposición a aprender
- Sensibilidad al consejo

La arrogancia confía en sí misma; la valentía confía en Dios.
10.9 El Rol de la Comunidad al Soñar Otra Vez
Soñar otra vez no es un camino solitario.
La comunidad:

- Confirma dirección
- Discierne tiempos
- Protege de excesos
- Acompaña procesos

Eclesiastés 4:9 — "Mejores son dos que uno."
Los sueños protegidos por comunidad tienen mayor longevidad.
10.10 Entregando el Resultado a Dios
Muchos no avanzan porque quieren **garantías**.
Dios ofrece:

- Presencia
- Dirección
- Gracia

No ofrece control total del resultado.
Salmos 37:5 — "Encomienda a Jehová tu camino."
La fe verdadera obedece sin exigir resultados anticipados.
10.11 Cuando el Miedo Regresa en el Camino
El miedo puede reaparecer incluso después de comenzar.
Esto no significa retroceso.
Cuando el miedo regresa:

- Reafirma la verdad
- Regresa a la oración
- Habla con mentores
- Continúa obedeciendo

El miedo no cancela el llamado; revela crecimiento.
10.12 Soñar Desde la Gracia, No Desde la Presión
Muchos restaurados viven con presión interna:

- "Debo demostrar que cambié"

- "Debo recuperar el tiempo"
- "Debo hacerlo bien ahora"

La gracia dice lo contrario.
Mateo 11:28 — "Venid a Mí… y Yo os haré descansar."
La gracia libera del desempeño y preserva el propósito.
10.13 El Sueño Restaurado Produce Esperanza Realista
El sueño restaurado:

- No ignora debilidades
- No depende de aplausos
- No se define por velocidad
- Se sostiene en fidelidad

La esperanza restaurada no es ingenua; es estable.
10.14 Aplicación Pastoral
Ejercicio de Reactivación del Sueño

1. Escribe el sueño original que Dios te dio
2. Escribe cómo fue afectado por el fracaso
3. Pregunta a Dios qué parte sigue viva
4. Identifica un paso pequeño y obediente
5. Comprométete a caminarlo sin prisa

10.15 Declaración de Fe
Declara:
"Me atrevo a soñar otra vez.
Camino con sabiduría.
Obedezco paso a paso.
Mi pasado no me detiene.
Dios guía mi futuro."
Conclusión del Capítulo 10

- Soñar otra vez es un acto de fe madura
- El miedo no invalida la obediencia
- Dios puede redefinir el sueño
- Comenzar pequeño protege el llamado
- La gracia sostiene el proceso

CAPÍTULO 11 - Caminando con Sabiduría y Rendición de Cuentas

"Donde no hay dirección sabia, caerá el pueblo; más en la multitud de consejeros hay seguridad." Proverbios 11:14 (RVR1960)

11.1 Introducción: La Restauración Debe Ser Sostenida

Muchos creyentes han experimentado arrepentimiento genuino, sanidad del alma, restauración de identidad y renovación de sueños, pero han vuelto a caer no por falta de fe, sino por **falta de estructuras que protejan la restauración**.

Este capítulo establece una verdad esencial:

Lo que Dios restaura por gracia debe ser protegido con sabiduría.

La restauración es un regalo; la perseverancia es una responsabilidad espiritual compartida con Dios.

11.2 La Sabiduría Bíblica: Más que Conocimiento

En la Escritura, la sabiduría no es información acumulada, sino **verdad aplicada consistentemente**.

- El conocimiento informa
- La sabiduría dirige
- El discernimiento protege

Proverbios 4:7 declara que la sabiduría es lo principal.

La sabiduría no evita la tentación, pero evita la destrucción.

Después de la restauración, el creyente debe aprender a vivir **consciente de su fragilidad y dependiente de la gracia.**

11.3 ¿Por Qué la Rendición de Cuentas es Esencial Después del Fracaso?

La rendición de cuentas no es castigo ni desconfianza; es **protección relacional**.

Después del fracaso, existen vulnerabilidades reales:

- Patrones antiguos
- Gatillos emocionales
- Cansancio espiritual
- Autoengaño sutil

Eclesiastés 4:9–10 enseña que dos son mejor que uno.
La libertad se preserva mejor cuando no se camina solo.
11.4 Modelos Bíblicos de Rendición de Cuentas
La Biblia nunca presenta líderes aislados.

- Moisés tuvo a Jetro
- David tuvo a Natán
- Jesús caminó con los discípulos
- Pablo ministró en equipo

Incluso Jesús, el Hijo de Dios, **modeló dependencia relacional.**
La madurez espiritual aumenta la necesidad de consejo, no la elimina.
11.5 Elegir Correctamente a los Consejeros
No toda voz es una voz de sabiduría.
Los consejeros correctos:

- Aman la verdad
- Caminan con integridad
- No controlan
- No adulan
- Tienen madurez probada

Proverbios 27:17 — "Hierro con hierro se aguza."
La rendición de cuentas sana confronta con amor y restaura con paciencia.
11.6 Rendición de Cuentas vs. Control Espiritual
Es vital distinguir entre rendición de cuentas y control.

Rendición de Cuentas Control

Protege   Manipula

Escucha   Domina

Acompaña   Amenaza

Busca restaurar Busca someter

Dios nunca restaura para reemplazar una esclavitud por otra.

11.7 Ritmos Espirituales que Sostienen la Restauración

La vida restaurada requiere **ritmos saludables**, no solo momentos intensos.

Ritmos esenciales:

- Oración constante
- Palabra diaria
- Descanso sabático
- Tiempo de silencio
- Autoexamen espiritual

Marcos 6:31 muestra a Jesús invitando a descansar.

El agotamiento espiritual debilita la vigilancia moral.

11.8 Estableciendo Límites y Fronteras Sabias

La restauración no elimina la necesidad de límites; **la intensifica.**

Límites sabios:

- Protegen áreas vulnerables
- Previenen recaídas
- Guardan relaciones
- Preservan el llamado

Proverbios 4:23 — "Sobre toda cosa guardada, guarda tu corazón."

Los límites no restringen el llamado; lo protegen.

11.9 Vigilancia sobre el Mundo Interior

Muchos fracasos comienzan internamente antes de manifestarse externamente.

Áreas a vigilar:

- Pensamientos recurrentes
- Emociones no procesadas
- Deseos no confesados
- Fatiga prolongada

1 Corintios 10:12 advierte contra la autosuficiencia.

La vigilancia espiritual es señal de humildad, no de debilidad.

11.10 Transparencia con Sabiduría

La transparencia es saludable, pero debe ejercerse con discernimiento.

Transparencia sabia:

- Comparte con personas seguras
- Protege la dignidad
- Evita la sobreexposición
- Edifica, no escandaliza

La transparencia sana restaura; la imprudente hiere.

11.11 Perseverancia: El Fruto de la Sabiduría

La restauración verdadera se demuestra con el tiempo.

Lucas 16:10 enseña que la fidelidad en lo poco prepara para lo mucho.

Perseverar implica:

- Constancia
- Humildad continua
- Apertura a corrección
- Dependencia diaria de Dios

Dios confía más a quienes caminan fielmente, no apresuradamente.

11.12 Cuando Llega la Corrección Nuevamente

La corrección no termina con la restauración.

Responder correctamente implica:

- Escuchar sin defensividad
- Evaluar con oración
- Ajustar con humildad
- Agradecer la protección

Proverbios 9:9 — "Instruye al sabio, y será más sabio."

La corrección sostenida es una señal de confianza divina.

11.13 Construyendo una Vida que Proteja el Sueño Restaurado

La perseverancia no ocurre por accidente; se **construye**.

Una vida protectora incluye:

- Comunión constante
- Relaciones saludables
- Ritmos equilibrados
- Rendición de cuentas
- Dependencia del Espíritu

Salmos 127:1 — "Si Jehová no edificare la casa..."

11.14 Aplicación Pastoral Profunda
Ejercicio de Sostenibilidad Espiritual

1. Identifica áreas vulnerables actuales
2. Evalúa tus ritmos espirituales
3. Define límites necesarios
4. Establece rendición de cuentas clara
5. Comprométete a perseverar con humildad

11.15 Declaración de Fe

Declara:

"Camino con sabiduría.

No confío en mi fuerza, sino en la gracia de Dios.

La rendición de cuentas me protege.

Mi restauración será sostenida.

Perseveraré fielmente."

Conclusión del Capítulo 11

- La restauración debe ser protegida
- La sabiduría dirige el caminar
- La rendición de cuentas preserva la libertad
- Los límites fortalecen el llamado
- La perseverancia honra a Dios

CAPÍTULO 12 - Ayudando a Otros a Ser Restaurados

"Hermanos, si alguno fuere sorprendido en alguna falta, vosotros que sois espirituales,

restauradle con espíritu de mansedumbre; considerándote a ti mismo, no sea que tú también seas tentado." Gálatas 6:1 (RVR1960)

12.1 Introducción: Restaurados para Restaurar

Dios nunca restaura a una persona únicamente para su propio bienestar. La restauración bíblica siempre tiene una dimensión **misional**. Aquellos que han sido sanados, perdonados y reafirmados en su identidad son llamados a convertirse en **canales de la misma gracia que recibieron**.

Este capítulo establece una verdad clave:

La restauración personal encuentra su plenitud cuando se convierte en restauración para otros.

El dolor redimido se transforma en sabiduría; la herida sanada se convierte en compasión; la experiencia restaurada se convierte en ministerio.

12.2 El Ministerio de la Restauración: Un Llamado Bíblico

La restauración no es una moda pastoral ni una concesión cultural; es un mandato bíblico.

- Jesús restauró a los quebrantados
- Los apóstoles acompañaron a los caídos
- La iglesia primitiva practicó la reconciliación

2 Corintios 5:18 declara que Dios nos dio **el ministerio de la reconciliación**.

Restaurar no es tolerar el pecado, sino guiar al arrepentimiento con gracia y verdad.

12.3 ¿Quiénes Están Llamados a Restaurar?

Gálatas 6:1 dice: "vosotros que sois espirituales". Esto no significa "perfectos", sino **maduros, humildes y dependientes de Dios.**

Un restaurador bíblico:

- Reconoce su propia fragilidad
- No se siente superior
- Camina en rendición de cuentas
- Ama la verdad
- Protege a las personas

Dios usa restauradores quebrantados, no jueces orgullosos.

12.4 El Espíritu Correcto: Mansedumbre y Humildad

La manera en que se restaura es tan importante como el acto de restaurar.

La mansedumbre:

- Protege la dignidad
- Genera confianza
- Facilita la sanidad
- Refleja el carácter de Cristo

La restauración que humilla no es restauración bíblica.

Jesús confrontó el pecado sin destruir a la persona.

12.5 Evitando el Peligro del Orgullo Espiritual

Uno de los mayores riesgos al ayudar a otros es olvidar el propio proceso de restauración.

Señales de orgullo espiritual:

- Impaciencia con el proceso ajeno
- Lenguaje condenatorio
- Comparación constante
- Falta de compasión

1 Corintios 10:12 advierte sobre confiarse.

La memoria de nuestra propia restauración mantiene la humildad viva.

12.6 Discerniendo el Momento Adecuado para la Restauración

No toda persona está lista para ser restaurada inmediatamente.

La sabiduría discierne:

- Si hay arrepentimiento genuino
- Si hay disposición a rendir cuentas
- Si hay estabilidad emocional
- Si hay deseo de cambio

Jesús restauró a Pedro **después** de la resurrección, no en el patio del sumo sacerdote.

Restaurar demasiado pronto puede dañar más que ayudar.

12.7 Restauración como Proceso, No como Evento

La restauración bíblica es gradual.

Etapas comunes:

1. Confesión
2. Arrepentimiento
3. Sanidad interior
4. Reafirmación de identidad
5. Acompañamiento
6. Reintegración progresiva

La prisa en restaurar suele producir recaídas.

Dios prioriza la profundidad sobre la velocidad.

12.8 Acompañando a Personas Atrapadas en Vergüenza

Quienes necesitan restauración suelen vivir dominados por:

- Vergüenza
- Miedo al rechazo

- Desconfianza
- Autoacusación

El restaurador debe:

- Escuchar sin juzgar
- Afirmar identidad en Cristo
- Rechazar la condenación
- Caminar pacientemente

La vergüenza se debilita cuando es enfrentada con amor constante.

12.9 Restauración y Rendición de Cuentas

La restauración sin rendición de cuentas es incompleta.

La rendición de cuentas sana:

- Protege el proceso
- Establece límites
- Refuerza la verdad
- Promueve crecimiento

Proverbios 28:13 enseña que confesar y apartarse trae misericordia.

La rendición de cuentas no castiga; protege.

12.10 Restaurando Líderes y Ministros Caídos

La restauración de líderes requiere especial cuidado porque:

- El impacto es mayor
- La confianza fue dañada
- El testimonio público está involucrado

Principios clave:

- Separar restauración personal de restauración ministerial

- Proteger a la congregación
- Establecer tiempos claros
- Reintegrar gradualmente

No toda restauración personal implica restauración inmediata al liderazgo.

12.11 Límites Sanos en el Ministerio de Restauración

Ayudar a otros no significa convertirse en salvador.

Límites necesarios:

- No cargar responsabilidades ajenas
- No sustituir al Espíritu Santo
- No permitir dependencia emocional
- Saber cuándo derivar a ayuda profesional

Somos instrumentos de Dios, no la fuente de sanidad.

12.12 Cuando la Restauración Incluye Ayuda Profesional

La Biblia honra la sabiduría del consejo.

Buscar ayuda profesional es recomendable cuando:

- Hay trauma profundo
- Hay depresión persistente
- Hay ansiedad severa
- Hay pensamientos autodestructivos

Proverbios 11:14 respalda la intervención sabia.

12.13 Creando una Cultura de Restauración en la Iglesia

Una iglesia saludable no se define por la ausencia de caídas, sino por **la forma en que responde a ellas.**

Una cultura de restauración:

- Rechaza el chisme
- Valora la confesión

- Practica la gracia
- Mantiene la verdad
- Protege la dignidad

Donde hay restauración bíblica, la vergüenza pierde poder.

12.14 El Legado del Restaurador

Ayudar a otros a ser restaurados deja un legado eterno.

Los restauradores:

- Multiplican esperanza
- Fortalecen la iglesia
- Reflejan el corazón de Dios
- Dejan huellas que trascienden generaciones

Daniel 12:3 habla de quienes llevan a otros a la justicia.

El legado más grande no es la plataforma, sino las vidas restauradas.

12.15 Aplicación Pastoral

Ejercicio de Llamado Restaurador

1. Recuerda cómo Dios te restauró
2. Identifica a quién podrías acompañar
3. Ora por discernimiento y humildad
4. Establece límites saludables
5. Camina con paciencia y verdad

12.16 Declaración de Fe

Declara:

"He sido restaurado por gracia.

Camino con humildad.

Restauraré a otros con amor y verdad.

Dios usará mi historia para sanar vidas.

Mi restauración dará fruto eterno."

EPÍLOGO ACADÉMICO

La Restauración como Proceso, Llamado y Legado

1. Síntesis Teológica del Contenido del Libro

Este libro ha demostrado, desde una perspectiva bíblica, pastoral y formativa, que la restauración no es un concepto marginal en la Escritura, sino un **eje central del carácter redentor de Dios**. Desde Génesis hasta el Nuevo Testamento, el Dios de la Biblia se revela como Aquel que **restaura lo caído, redime lo quebrantado y vuelve a llamar a quienes han fallado**.

A lo largo de los capítulos se ha establecido que:

- El fracaso no cancela el llamado divino
- El arrepentimiento genuino abre la puerta a la restauración
- La culpa y la vergüenza pueden ser vencidas por la gracia
- El alma necesita sanidad progresiva después del pecado
- La identidad en Cristo debe ser reafirmada
- El llamado puede ser restaurado con mayor madurez
- La sabiduría y la rendición de cuentas sostienen la restauración
- Los restaurados están llamados a restaurar a otros

La restauración bíblica, por tanto, no es un evento emocional aislado, sino un **proceso integral** que involucra espíritu, alma, carácter, relaciones y propósito.

2. Restauración: Más que Perdón, Transformación Integral

Uno de los aportes centrales de esta obra es distinguir claramente entre **perdón** y **restauración**. El perdón restaura la relación con Dios de manera inmediata; la restauración, en cambio, implica un proceso formativo que incluye:

- Sanidad interior
- Reordenamiento de prioridades

- Reconstrucción de la identidad
- Formación del carácter
- Reintegración progresiva al propósito

Desde una perspectiva académica, esto permite afirmar que la restauración bíblica es **teológica**, es decir, orientada a un fin: **la transformación del creyente para vivir alineado con el diseño original de Dios.**

3. La Restauración como Llamado Misional

El Capítulo 12 amplía la comprensión de la restauración al mostrar que esta no termina en la experiencia individual. La Escritura enseña que aquellos que han sido restaurados reciben también **el ministerio de la restauración y la reconciliación.**

Desde una teología pastoral madura, esto implica que:

- La restauración personal precede al ministerio restaurador
- La humildad es condición indispensable para restaurar a otros
- La mansedumbre protege la dignidad humana
- La rendición de cuentas preserva la sanidad
- La sabiduría evita recaídas y abusos

La iglesia que comprende esta dimensión no se convierte en una comunidad permisiva, sino en una **comunidad redentiva**, donde la verdad y la gracia caminan juntas.

4. Implicaciones Académicas y Ministeriales

Desde el punto de vista académico, este libro puede ser utilizado como:

- Texto base para cursos de restauración pastoral
- Manual de formación para líderes y consejeros
- Material de capacitación para equipos ministeriales
- Fundamento teológico para políticas de restauración en iglesias
- Guía formativa para procesos de acompañamiento espiritual

Desde el punto de vista ministerial, ofrece un marco equilibrado que evita dos extremos peligrosos:

1. El legalismo que condena y excluye
2. La permisividad que minimiza el pecado

La restauración bíblica presentada aquí es **responsable, gradual, ética y profundamente cristocéntrica.**

5. El Legado de una Teología de Restauración

La restauración no solo sana individuos; **transforma culturas espirituales.** Una iglesia que entiende y practica la restauración bíblica:

- Reduce la vergüenza y el ocultamiento
- Fomenta la confesión y la sanidad
- Forma líderes más humildes y maduros
- Multiplica agentes de gracia y reconciliación

El mayor legado de este libro no es solo el conocimiento impartido, sino la **formación de creyentes y líderes capaces de acompañar procesos reales de restauración con sabiduría y amor.**

6. Conclusión Final

Dios no restaura para volver al pasado.

Restaura para **redimir el futuro.**

Dios no restaura para borrar la historia.

Restaura para **darle un nuevo significado.**

Dios no restaura solo para sanar individuos.

Restaura para **edificar una comunidad que refleje Su corazón.**

Este libro concluye afirmando con convicción bíblica que:

Soñar otra vez no es negar el fracaso,

sino creer que la gracia de Dios sigue siendo mayor.

Que esta obra sirva como herramienta académica, pastoral y espiritual para formar generaciones que, habiendo sido restauradas, **se atrevan a soñar otra vez y ayuden a otros a hacerlo también.**

I. GLOSARIO DE TÉRMINOS CLAVE

Arrepentimiento (Metanoia)

Cambio profundo de mente, corazón y dirección que conduce al regreso genuino a Dios y a una vida transformada.

Culpa

Conciencia de haber hecho algo incorrecto. Puede ser redentiva cuando conduce al arrepentimiento y a la gracia.

Vergüenza

Experiencia emocional que ataca la identidad y produce ocultamiento. No proviene de Dios.

Condenación

Acusación continua que niega la gracia y paraliza el futuro espiritual. Es rechazada en Cristo.

Restauración

Proceso integral mediante el cual Dios sana, corrige, forma y reestablece a una persona en relación, identidad y propósito.

Sanidad del Alma

Proceso de curación de la mente, emociones y voluntad después del pecado, trauma o fracaso.

Identidad en Cristo

Verdad bíblica que afirma quién es el creyente basado en la obra redentora de Cristo, no en su desempeño.

Llamado

Propósito divino asignado por Dios para vivir y servir según Su diseño eterno.

Rendición de Cuentas

Relación espiritual intencional donde una persona camina bajo acompañamiento, corrección y apoyo saludable.

Disciplina Divina

Corrección amorosa de Dios que forma carácter y protege el propósito, no castigo punitivo.

Restaurador

Creyente maduro que acompaña procesos de sanidad y restauración con mansedumbre, verdad y sabiduría.

II. APÉNDICES ACADÉMICOS
APÉNDICE A – Marco Bíblico de la Restauración
Antiguo Testamento

- Salmo 51 – Arrepentimiento y restauración
- Isaías 61 – Sanidad y restitución
- Joel 2 – Restauración después de la pérdida

Nuevo Testamento

- Juan 21 – Restauración de Pedro
- Gálatas 6:1–2 – Restauración comunitaria
- 2 Corintios 5:18–20 – Ministerio de reconciliación

APÉNDICE B – Etapas del Proceso de Restauración

1. Convicción del Espíritu Santo
2. Confesión y arrepentimiento genuino
3. Perdón y limpieza de conciencia
4. Sanidad del alma
5. Restauración de identidad
6. Acompañamiento y rendición de cuentas
7. Reintegración progresiva
8. Restauración del llamado
9. Ministerio hacia otros

Nota académica: No todas las etapas tienen la misma duración; el proceso es personal y guiado por el Espíritu Santo.

APÉNDICE C – Restauración Personal vs. Restauración Ministerial

Área	Restauración Personal	Restauración Ministerial
Enfoque	Relación con Dios	Función y responsabilidad
Tiempo	Inmediata al arrepentirse	Progresiva
Requisitos	Arrepentimiento genuino	Carácter probado
Riesgos	Culpa no resuelta	Recaídas prematuras

APÉNDICE D – Principios Éticos en Procesos de Restauración

- Protección de la dignidad humana
- Confidencialidad responsable
- Transparencia con sabiduría
- Cero tolerancia al abuso espiritual
- Separación entre consejería y control
- Respeto a límites emocionales y ministeriales

III. HERRAMIENTAS DE CONSEJERÍA Y FORMACIÓN
HERRAMIENTA 1 – Evaluación Personal de Restauración

Responde honestamente:

1. ¿He confesado completamente mi pecado?
2. ¿He recibido el perdón de Dios sin auto-condenación?
3. ¿Identifico heridas emocionales no sanadas?
4. ¿Tengo acompañamiento espiritual?
5. ¿Camino con humildad y sabiduría?

HERRAMIENTA 2 – Oración Guiada de Restauración

"Señor, reconozco mi necesidad de Tu gracia.

Confieso mi pecado sin excusas.

Recibo Tu perdón completo.

Sana mi alma y restaura mi identidad.

Guíame con sabiduría y protégeme en el proceso.
Amén."

HERRAMIENTA 3 – Plan Básico de Rendición de Cuentas

- Nombre del mentor o acompañante: ___________
- Frecuencia de encuentros: ___________
- Áreas de enfoque:
  - ☐ Vida espiritual
  - ☐ Emociones
  - ☐ Tentaciones
  - ☐ Relaciones
  - ☐ Ministerio

HERRAMIENTA 4 – Restaurando a Otros (Guía Práctica)

Antes de acompañar a alguien:

- Ora por discernimiento
- Evalúa tu propia madurez
- Establece límites claros
- Mantén humildad constante

Durante el proceso:

- Escucha más de lo que hablas
- Afirma identidad en Cristo
- Confronta con amor
- Camina con paciencia

HERRAMIENTA 5 – Cuándo Referir a Ayuda Profesional

Refiere cuando exista:

- Trauma severo
- Depresión prolongada
- Ansiedad incapacitante
- Conductas autodestructivas
- Abuso pasado no resuelto

Principio clave: Buscar ayuda profesional es sabiduría, no falta de fe.

IV. PREGUNTAS ACADÉMICAS DE REFLEXIÓN FINAL

1. Explique la diferencia entre perdón y restauración.
2. Analice el papel de la rendición de cuentas en la perseverancia.
3. Compare los procesos de restauración de David y Pedro.
4. Describa los riesgos de una restauración apresurada.
5. Explique el rol de la iglesia en la restauración bíblica.

CIERRE ACADÉMICO FINAL

Este back matter proporciona las bases necesarias para que *Atrévete a Soñar Otra Vez* no sea solo un libro inspiracional, sino un **manual académico y pastoral completo**, capaz de formar líderes, restauradores y comunidades espiritualmente sanas.